Stanislas Fautré

Au bout du monde
L'Australie

Glénat

Terra Incognita

Terra Incognita

En 1547, bien longtemps après qu'Aristote a émis l'idée d'une *Terra Australis*, et bien longtemps après que Ptolémée l'a développée (Ier siècle), le Français Nicholas Vallard dessine, grâce aux informations données par des navigateurs portugais, sa « Grande Java », un monde merveilleux.

À l'autre bout du monde, la Grande Java !

Terra Australis Nondum Incognita (1570) aurait occupé toute la partie inférieure du globe terrestre, le pôle Sud et une grande partie du Pacifique. Continent mythique que le Hollandais Williem Jansz aborde par les côtes du cap York en 1606. Jusqu'en 1629, les Hollandais font de vaines explorations, mais la baptisent Nouvelle-Hollande. En 1642, Abel Tasman découvre la Tasmanie qu'il nomme « Van Diemen », mais n'en connaît pas l'insularité. En 1768, le Français Bougainville contourne la Grande Barrière, mais ne débarque pas. Les Chinois auraient abordé l'île continent dès le XIIIe siècle... Les Mélanésiens, il y a 40 000 ans ! Des côtes de Nouvelle-Guinée, on pouvait apercevoir les rivages d'une nouvelle terre. Une petite embarcation suffisait.

Terra Nullius

Lorsque le 28 avril 1770, James Cook jeta l'ancre sur les côtes du pays de la Nouvelle-Galles du Sud, il vit des Aborigènes et nota : « *leur seul désir semblait de nous voir partir* ».

Les rhombes vrombissent, les pilons battent le sol. On revêt le vêtement spirituel : des corps peints d'argile et d'ocres pour se rapprocher de son héros totémique. Les sourdes vibrations du didgeridoo, les chants et la poussière de latérite montent dans les airs. Les esprits des ancêtres sont là, palpables. Les kangourous détalent, les perruches se taisent. On imite la grue, on bondit comme le wallaby, on exécute la « danse du Renard volant ». Les peintures pariétales datent de 10 000, 20 000 ans ou plus. Après une journée de marche dans le désert, les hommes chassent l'échnidé, le kangourou. Les femmes et les enfants partent à la recherche d'escargots, de lézards, d'œufs et d'oiseaux., mais aussi de racines, baies et fruits. Les terres ne sont à personne, pourtant, le territoire d'une tribu s'étend parfois sur près de 100 000 kilomètres carrés. On se scarifie. On se baigne du sang de son initiateur pour supporter le poids des révélations des secrets, et des symboles qui un jour seront dévoilés. Cela fait plus de 30 000 ans que l'on vit comme cela, de chasse et de cueillettes. De nomadisme. En harmonie avec la nature. Ayant pour toute religion, celle de garder et de préserver la terre des ancêtres totémiques.

On se sert de l'aiguillon venimeux de la pastenague (raie) pour la pointe de son javelot. Le silex taillé on connaît. On vit l'âge du Paléolithique au XVIIIe siècle ! Mais quid de la culture agraire ? De l'élevage ? De la modernité ? 1788, début de la tragédie. Le continent australien est déclaré, au nom du roi George III, *Terra Nullius* (Territoire sans maître). Négation du peuple aborigène et de ses droits. Plus de 700 ethnies, 200 à 250 langages, 600 ou 700 dialectes. Des tribus de 250 à 700 individus. Plus de 1 million d'hommes.

Terra Nullius ? Juste une couverture juridique pour justifier la colonisation britannique, et l'expropriation des terres de la vaste – 7 700 000 km^2 – *Terra Australis Nondum Incognita*, Terre du sud encore inconnue !

Les colons explorateurs

Les premiers convicts débarquent de la *First Fleet*, la Première Flotte, conduite par le capitaine britannique Arthur Phillip chargé d'installer une colonie pénitentiaire. Les colons explorent, cultivent, élèvent ovins et bovins, chassent les Aborigènes comme le gibier, massacrent, empoisonnent leurs points d'eau, détruisent leur écosystème et leur histoire.

Les pistes du Rêve ne mènent plus nulle part. L'alcool et la drogue ont remplacé le *Dreamtime*. Mais on dit que dans certaines régions, comme en terre d'Arnhem, les enfants chassent encore le lézard et le poisson. Jouent dans les rivières. Vivent leurs rêves !

Double page précédente
Baignades, rire, et pêche en groupe comme au « Temps du Rêve », dans les gorges de Kliklimarra. Terre d'Arnhem.

Ci-contre
Balang Mildywi, dit « Phillip », patriarche du groupe aborigène Ngkalabons, village de Weemol. Terre d'Arnhem.

Né de la poussière

Ci-contre et ci-dessus
Point après point, comme une savante broderie, la piste du rêve de l'artiste trace son chemin.

Raffinement extrême d'une peinture acrylique. Assise sur le sol poussiéreux, le cheveu emmêlé, minutieusement, point par point, l'artiste retrace précieusement, avec une pique trempée dans la couleur, le chemin d'un des ancêtres mythiques du *Dreamtime*, le Temps du Rêve.

Un caillou, une rivière, un kangourou ? Leurs pouvoirs sont partout présents ! L'Australie aborigène est sillonnée par des milliers de pistes du « Rêve ». C'est lui qui alimente les grands thèmes de l'art aborigène. Peindre ses « Rêves » est un moyen de relier le passé au présent, les êtres vivants au monde surnaturel des êtres éternels.

Les tableaux traditionnels, tracés du bout des doigts sur le sol, qui s'effaçaient d'un geste de la main, ont été transposés sur toile. Pour le plus grand plaisir des galeries d'art d'Alice Springs !

Ci-contre et ci-dessus
Ron Manyita, chez lui à Katherine.
Pour les Aborigènes de la région de la terre d'Arnhem, les couleurs utilisées dans les peintures ont très souvent des valeurs symboliques. Rouge pour le sang ; blanc pour les os; jaune, la graisse et noir pour la peau. Les hachures entrecroisées sont caractéristiques de cette région.

Retour vers le passé

Près de 20 000 ans pour les plus anciennes peintures pariétales, et plus de 5 000 sites rupestres dans le parc national de Kakadu. À Ubirr, ou à Nourlangie, les « Hommes Éclairs », le « Serpent-Arc-en-Ciel », ou encore « L'Esprit qui Tue et Mange les Femmes » se découvrent sur les murs des abris-sous-roche gréseux.

En allant plus à l'est, sur la mer d'Arafura, les innombrables gorges s'enfoncent dans les grands plateaux calcaires de la terre d'Arnhem. Ici les peintures pariétales ne sont pas dérangées par le touriste. Réserve aborigène! On aurait retrouvé des traces d'activité picturale datant de près de 40 000 ans. C'est une des régions australiennes les plus riches sur le plan artistique.

La peinture aux « rayons X » qui laisse voir les organes des êtres vivants est celle que les peuples aborigènes de cette région ont développée, il y a près de 4000 ans.

Ci-dessus
La terre d'Arnhem s'étend sur près de 150 000 km^2. Le labyrinthe de ses gorges cache la plus spectaculaire galerie de peintures pariétales, parfois vieilles de près de 40000 ans!

Ci-contre, en haut
Peintures pariétales d'Anbangbang à Nourlangie, dans le parc national de Kakadu.

Ci-contre, en bas
Mains au pochoir dans l'abri-sous-roche de Nourlangie, à Kakadu. Territoire du Nord.

Double page
précédente
Effet de miroir entre les peintures rupestres des « Frères-Génies des Éclairs » dans le parc national de Kakadu en Territoire du Nord, et des danseurs aborigènes lors de démonstrations de danses rituelles.

Ci-dessus
et ci-contre
En Territoire du Nord, les danseurs se peignent le corps et le visage à la chaux et à l'argile.
Le son du didgeridoo et les frappes des pilons rythment les danses.

Rêves perdus

L'âge d'or de l'enfance ? Jusqu'à six ou huit ans, auprès des femmes. Rires, cueillettes et chasses. Baignades ! Ensuite, le long chemin des rites initiatiques débutait. Un jeune Aborigène devait passer par la souffrance corporelle, comme autant de « morts rituelles », pour renaître adulte. Circoncision, incisions dans les chairs, arrachage d'une incisive... Cette aptitude à supporter la souffrance physique permettait ensuite d'entrer dans la connaissance des mystères qui régissaient la vie de la tribu – lieux, danses, légendes, signification spirituelle de l'art et des objets– et de garder en mémoire une multitude de savoirs reliés à la magie du Temps du Rêve. Les territoires de chasse, les pistes du Rêve sont dorénavant brouillés. Aujourd'hui, l'initiation des jeunes Aborigènes passe le plus souvent par le *liquor store* de la ville la plus proche.

Ci-contre et ci-dessus
Dans les gorges
de Kliklimarra.

Ci-dessus, à gauche
Un masque tout trouvé pour Sean, le crâne d'un jeune crocodile de Johnston, crocodile d'eau douce.

Ci-dessus, à droite
Jobi a capturé à la main un oiseau bien vivant !

Ci-contre
Sean. Terre d'Arnhem, Territoire du Nord.

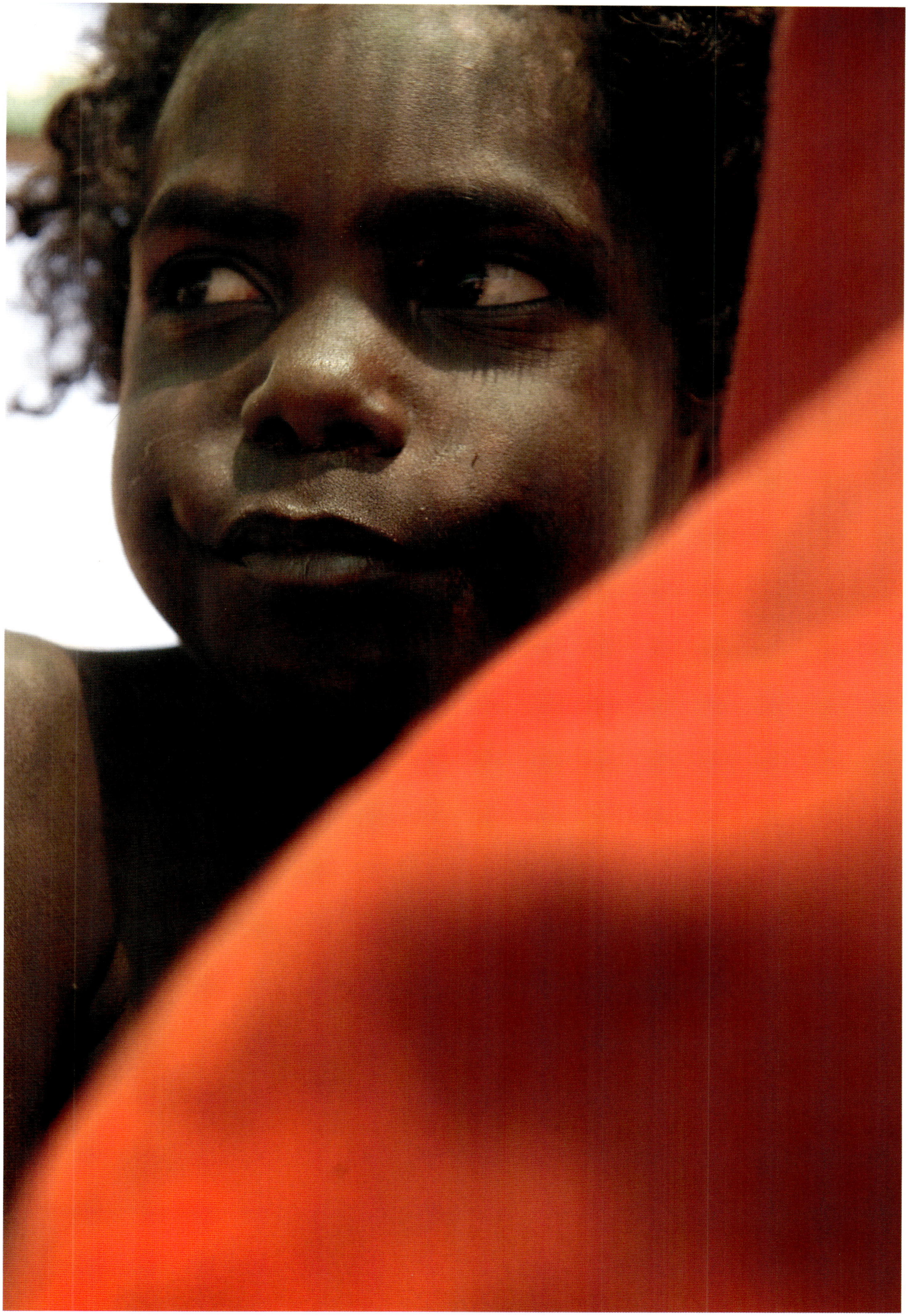

Ci-dessus
Rêveries au bord du billabong de Koppoliu. Les marques sombres sur les troncs des mélaleucas montrent jusqu'où les pluies torrentielles peuvent faire monter le niveau de l'eau.

Ci-contre
Angélina.
Terre d'Arnhem,
Territoire du Nord.

Partie de pêche sur le billabong de Kliklimarra. Terres de la communauté aborigène Ngkalabons. Le Français François Giner y a installé le camp écotouriste de Bodeidei. Relations privilégiées avec les Aborigènes de cette région de la terre d'Arnhem. Territoire du Nord.

Ci-dessus, à gauche
Sitôt pêchés, les poissons sont cuits dans les braises au bord de l'eau. Raphaélia et Angélina les transportent, comme on le fait depuis des millénaires, dans des plateaux improvisés en écorce de gommier mélaleuca.

Ci-dessus, à droite
Naridjan Laiawanga, dite June, tresse des paniers traditionnels en fibres végétales.

Double page suivante
Balang Mildywi, un des patriarches du village de Weemol et membre de la communauté aborigène Ngkalabons.

LA RUÉE VERS L'EAU

La ruée vers l'eau

L'Australie, aux pourtours irréguliers (près de 26 000 kilomètres de côtes), baigne entre l'océan Indien et le Pacifique. Une grande île, à laquelle s'ajoutent la Tasmanie et autres confettis insulaires.

Au XVIIIe siècle, l'*Endeavour*, le navire de Cook, encore lui, s'échoua sur les récifs de la Grande Barrière de corail. Aujourd'hui, le plongeur nage dans le bonheur aux côtés de la raie manta, au-dessus de milliers de coraux madrépores, organismes qui construisent les barrières de corail grâce à leurs squelettes calcaires. Les occupants ? Une foultitude d'éponges, de bénitiers, de calmars et de pieuvres, d'oursins et d'étoiles de mer, de sages poissons anges et clowns, de tortues marines... Mais aussi le redoutable requin-tigre. Le napoléon, impassible, patiente bouche bleue.

Il était une fois un aquarium géant

La Grande Barrière construit depuis plus de 18 millions d'années son royaume des gorgones. Sur près de 2 300 kilomètres le long de la côte du Queensland (230 000 km²), c'est le plus grand récif corallien de la planète.

En Australie-Occidentale, à Ningaloo Reef, sur la côte de Corail, le nageur en manque de sensations fortes accompagne le requin-baleine, une force de la nature –jusqu'à 40 tonnes– mais inoffensif !

Sur la plage Monkey Mia, dans Shark Bay (Patrimoine mondial de l'Unesco), les dauphins tursiops, qu'on surnomme « ambassadeurs », saluent le baigneur. Plus loin, sur la plage de sable blanc de la réserve naturelle d'Hamelin Pool, on plonge dans un passé vieux de 3,5 milliards d'années. Les plus anciennes formes de vie sur terre, des algues bleu-vert, des cyanobactéries par milliards, édifient avec constance des structurations minérales qu'on appelle « stromatolites ».

Attention danger !

Dans les estuaires et les mangroves des côtes de la mer d'Arafura et de Timor, entre Broome, Darwin et la péninsule du cap York, attention danger ! Le crocodile marin rôde, la méduse box jelly fish est fatale, le poisson-pierre et le poisson-scorpion sont venimeux. Mais le buffle à la peau noire et luisante, paisible, patauge dans les marais. Les jabirus, cigognes australiennes, montrent pattes rouges dans les ondes de Yellow Waters (dans le parc national de Kakadu). Le jacana aux frêles gambettes se déplace au gré des feuilles de nénuphars. Le kookaburra, martin-pêcheur à grosse tête, ricane.

Darwin, la capitale du Territoire du Nord, porte le nom de l'illustre naturaliste qui débarqua en 1839 dans cette région qu'on appelle le « Top End ».

Les navigateurs de toutes nationalités ont approché ce continent. Mais lorsque, dans la première moitié du XIXe siècle, on se décida à explorer l'intérieur des terres, l'expérience fut bien plus ardue.

Une question tourmentait les géographes de l'époque victorienne : y avait-il une mer intérieure ?

En 1830, une barque « sous le bras », Charles Sturt et son équipe s'engagèrent dans le diabolique et encore inconnu Outback de l'Australie-Méridionale. Voyage en enfer ! On abandonna l'embarcation, rebroussa chemin, dépités. Vaine tentative. L'année précédente il découvrait la rivière Murray, principal cours d'eau australien.

C'est John Mc Douall Stuart qui, en 1861, mit fin au mirage. En effectuant une ultime traversée jusqu'à la mer de Timor au nord, il ne rencontra que déserts de sable et de cailloux !

Mais l'eau jaillit aussi. Et chute et détale dans les cascades du plateau d'Atherton dans le Queensland ; de Jim-Jim Falls, dans le parc de Kakadu, ou de Russell Falls à Mount Field (Tasmanie). L'eau reflète le mont Cradle, sur le lac St Clair, en Tasmanie. Elle se pose, se prélasse, au fond des gorges. Se retient dans le barrage du lac Argyle, immense. Mais dans le lac salé d'Eyre, à moins de quinze mètres au-dessous du niveau de la mer, l'eau s'efface...

Dans les déserts, sur le bas-côté de la piste, un panneau routier indiquant un laconique « *Flood* » (attention, inondation) laisse le voyageur assoiffé, sceptique! Mais aux premières gouttes d'eau, le plus petit des ruisseaux devient rapidement fleuve Amazone !

Double page précédente
Mer d'Arafura. Côte littorale de la terre d'Arnhem près de l'embouchure de la rivière Adélaïde.

Ci-contre
Roebuck Bay. L'ancien pirate William Dampier visita cette baie aux couleurs irréelles en 1688 et la baptisa du nom de son navire.

Ci-dessus
Du nom du navigateur français, la presqu'île de Freycinet. Les montagnes de granite rose de Hazards veillent sur la sublime baie de sable blanc de Wineglass en forme de verre à vin.

Ci-contre
Parc national de Port Campbell. Victoria. Les sentinelles de calcaire des Douze Apôtres ne sont plus que huit aujourd'hui !

Sable rose et convicts

Plages insolites de sable rose et de terre carmin à Broome. C'est dans ces eaux turquoise de l'océan Indien, sous l'œil du pélican à lunettes, que les pêcheurs de perles ont fourni, vers 1880, près de 80 % de la nacre mondiale.

Falaises de grès rouge sur la mer de Timor. Sur la côte des Naufragés, dans l'État du Victoria, la garde prétorienne des Douze Apôtres s'échappe en mer.

Le Hollandais Abel Tasman aborda la Tasmanie en 1642. Il ne soupçonnait pas que ce fût une île. Sur laquelle on saisit par beau temps, les deux coupes azurées symétriques, parfaites de la baie de Wineglass Bay. On surplombe les orgues basaltiques de cap Raoul.

Au pénitencier de Port Arthur, 12 500 bagnards purgèrent leur peine entre 1832 et 1877. Les chiens affamés des gardiens et les requins de l'océan, cerbères vigilants, empêchaient toutes tentatives d'évasion.

Ci-dessus
Sur les falaises de la pointe de Gantheaume, à 7 kilomètres de Broome, on suit les empreintes de dinosaures vieilles de 120 millions d'années !

Ci-contre
Succession de caps, de falaises et de promontoires. Le cap rocheux magmatique de Raoul pointe ses colonnes de dolérite à 200 mètres au-dessus des flots de la mer de Tasman.

Ci-dessus
Green Island au large de Cairns.
Image idyllique de la Grande Barrière.

Ci-contre
De petits îlots de sable blanc piquettent « l'Amazonie bleue », le surnom de la Barrière de corail. Queensland.

Double page précédente, à gauche
Les dalles régulières de Tessellated Pavement sont dues à l'érosion des fissures tectoniques de la roche. Baie des Pirates. Péninsule de Tasman.

Double page précédente, à droite
Côte sauvage de l'île d'Hinchinbrook dans le Queensland.
Toute l'île est classée en parc national.
C'est un refuge pour de nombreuses espèces en voie d'extinction sur le continent.

Le *dry* et le *wet*

Les marais, les estuaires, les ruisseaux, les flaques, les mangroves, les chenaux, tous se mêlent et s'imbriquent, se fondent dans des camaïeux de verts, de bleus et d'ocre jaune, se gonflent et sèchent aussi.

Durant le *dry*, la saison sèche, la brousse est incendiée. Les crocodiles marins, tapis en bande dans la boue des *billabongs* (rivières mortes), se repaissent de tout ce qui bouge à portée de mâchoires ! On voulut donner le nom de ces grands reptiles à des fleuves. Confusion d'espèces, ce fut Alligator South, Alligator West et Alligator East River !

Durant le *wet*, la saison des pluies, ce sont des mètres d'eau qui submergent les plaines de Kakadu ou du Queensland. Régions d'orages et d'ouragans. Les pluies apportées par les ouragans de la fin 2010 et du début 2011 ont englouti un territoire vaste comme la France et l'Allemagne réunies !

Ci-contre et ci-dessus
Dans les plaines du Top End, à la platitude extrême, les rivières cherchent leur chemin entre périodes sèches et inondations.

Ci-dessus
Régions côtières entre Darwin et Kakadu. Le paysage enchanté de nénuphars dans les plaines inondables de la Mary River.

Ci-contre
« L'oiseau de Jésus », c'est ainsi que l'on surnomme le jacana, qui semble véritablement marcher sur l'eau.

Ci-contre, en haut
Chez les jabirus, on distingue le mâle de la femelle par la couleur de l'iris. Le premier a les yeux bruns, la seconde, les yeux jaunes.

Ci-contre, en bas
L'anhinga d'Australie. À cause de son long cou, ce cormoran est aussi appelé «l'oiseau serpent».

Ci-dessus
Yellow Waters. Malgré son poids pouvant atteindre presque une tonne, ce reptile est capable de bondir prestement sur sa proie.

Ci-dessus
Autrefois chassé, le crocodile sauvage est aujourd'hui protégé. On l'élève dorénavant pour sa peau dans les fermes à crocodiles.

Ci-contre
Baignade interdite pour raison évidente. Sur tout le littoral du Top End, mieux vaut être prudent !

CAUTION
Department of Conservation
and Land Management

Ci-dessus
Dans les plaines inondables du Top End. Le gommier «paperbark», à l'écorce fine et effilochée, peut supporter de grandes variations de température et d'hygrométrie. C'est son écorce fine comme du papier qui lui a valu ce nom.

Ci-contre
Les buffles d'Asie ont été introduits par les colons à la fin du XIXe siècle. Bien acclimatés, ils vagabondent entre marais et plaines arides.

Ci-dessus
Bamurru Plains, entre pandanus et termitières, migration matinale vers un point d'eau. Territoire du Nord.

Ci-contre
Fraîcheur assurée dans la gorge Hancok. Entaille sublime dans les terres du parc national de Karijini.

Ci-dessus
À quelques encablures d'Hobart, les cascades de Russell chutent de près de 40 mètres au pied d'une végétation unique. Parc national de Mount Field. Tasmanie.

Ci-contre
Sur le plateau de grès du Tabletop Range, Tolmer Falls, une des quatre grandes cascades du parc national de Litchfield. Territoire du Nord.

Lac St Clair dans le parc national de Cradle Mountain-Lake St Clair. Cette région sauvage aux forêts reliques, à la flore et à la faune originelles, figure au Patrimoine mondial de l'Unesco. C'est en partie grâce à l'Autrichien Gustav Weindorfer que l'on doit la préservation de ce site. Dès 1912, il comprit le caractère exceptionnel de cette région à l'ouest de la Tasmanie.

Ci-dessus et ci-contre
Rivières et torrents courent entre pandanus et fougères arborescentes. Parc national de Mount Field (ci-dessus). Parc national de Cradle Mountain-Lake St Clair (ci-contre).

Cradle Mountain-Lake St Clair, Franklin-Gordon Wild Rivers et Southwest, ces trois grands parcs nationaux et une grande partie du plateau central de Tasmanie sont inscrits au Patrimoine mondial de l'Unesco.
Ces dernières régions sauvages tempérées de la planète représentent plus de 20 % du territoire du seul État insulaire australien.

Ci-dessus et ci-contre
Le lac Pedder originel a été submergé en 1972 par les eaux d'un barrage construit pour la production électrique de la Tasmanie. Projet ambitieux qui allait bien au-delà des besoins de l'île et vaste problème écologique qui a conduit à un grand mouvement de défense environnemental en Tasmanie.

ON THE ROAD

L'Outback

Birdsville Track, Stuart Highway, Gibb River Road… Il suffirait d'un peu plus des doigts d'une main pour compléter cette liste des « major routes » ébauchées et révélées par les explorateurs du XIXe siècle comme Charles Sturt, John McDouall Stuart ou John Eyre.

L'Outback c'est plus de 5 millions de kilomètres carrés qui se fondent en savanes, maquis, dunes et poussières. Savoir où il commence et où il se termine, c'est une grande question ! Ce territoire démesuré, trop grand pour être évalué, fait partie du mythe et du phantasme australiens. Passé les faubourgs des grandes villes côtières dans lesquelles vit 90 % de la population, la nature reprend ses droits. Une frange de bush, puis c'est l'Outback, le bout du monde !

Au bout du bout du monde

Chasseurs de dingos ou chercheurs d'or, Aborigènes rompus depuis des millénaires à la survie dans le désert, éleveurs et cow-boys, une poignée d'hommes et de femmes (près de 10 % de la population) se partage cette terre d'aventures héroïques et de conquêtes pionnières, dans une région qui passe pour être la plus aride du monde ! Les sécheresses durent parfois des années. Les températures se situent régulièrement à 40 °C à l'ombre, et à plus de 58 °C en plein soleil. L'Outback appartient définitivement aux tempéraments bien trempés.
L'isolement des familles posées là comme par hasard au milieu d'hectares de terres arides, loin de tout, a fait naître des services très spéciaux. Les médecins du « Royal Flying Doctor Service » volent (en avionnette) au secours des malades isolés ou prescrivent à distance. Grâce à « The School of the Air », les cours de l'institutrice sont transmis par satellite aux élèves dispersés aux quatre coins de la classe, qui se mesure en centaines de kilomètres carrés !

Le voyageur « téméraire », lui, file vers l'arrière-pays des « stations » (fermes d'élevage de plusieurs centaines de milliers d'hectares), dépasse les sels cristallisés du lac Eyre asséché, rejoint les mines d'opale de Coober Pedy. Les prospecteurs y ont creusé des galeries où ils vivent et travaillent à 30 mètres sous terre, en laissant à la surface des centaines de taupinières blanches.

Pour tout l'or de la terre

Le voyageur traverse la plaine monotone du Nullarbor pour gagner tout l'or de la terre à Kalgoorlie en Australie-Occidentale, dans le Golden Mile, filon découvert en 1893. Il contourne le désert de Gibson et traverse le Great Sandy Desert, rejoint les formations rocheuses de Purnululu ou Bungle Bungle, rattrape le « Centre Rouge » de l'Australie, à Alice Springs, et les sables infinis du désert de Simpson dans le Territoire du Nord, s'émerveille du coucher du soleil qui incendie le monolithe sacré des Aborigènes, emblème de l'Outback, Uluru (Ayers Rock).
Poussiéreux, mais heureux, il se rafraîchit ensuite dans les gorges profondes de Katherine en évitant le crocodile de Johnston, avant de se recueillir devant les peintures pariétales aborigènes de Kakadu.
Il a croisé nombre d'émeus, kangourous, et envolées criardes de cacatoès blancs, traqué le pérentie (varan géant) qui peut mesurer jusqu'à 2,50 mètres, mais ne l'a pas trouvé ! Il a manqué écraser quelques lézards pomme de pin, surpris des hordes de chevaux sauvages et quelques groupes de dromadaires.
Il a sursauté sous les notes puissantes des trompes d'un *road train* (camion à trois ou quatre remorques), vaisseau fantôme filant un train d'enfer dans un nuage de poussière rouge sang.

L'Outback préfère les brunes !

Enfin, il s'arrête dans un *road house* climatisé, une de ces stations-service qui sentent (empestent) invariablement la saucisse et les frites, parfois seuls points de ravitaillement à plus de 300 ou 400 kilomètres à la ronde. Et apprend par Milan, un chercheur d'or à la poésie sauvage, que « l'Outback préfère les brunes parce que c'est moins salissant ! ». Cela n'a évidemment rien à voir avec la fameuse bière blonde australienne (une Foster) qu'il sirote !

Double page précédente
Dans la cabine de son *road train*, Tim traverse les longues et monotones plaines arides de Nullarbor, en Australie-Occidentale.

Ci-contre
Suivez la flèche, voilà les trente-six dômes de Kata Tjuta.

Ati
SX·39DE
ROAD
TRAIN

Les rois de la route

Ci-contre
Road train déboulant dans un *bull dust*, un nuage de poussière.
Le chauffeur, petite silhouette à casquette, se perd dans les abîmes du pare-brise.

Ci-dessus
Peter, le *trucky*, maîtrise à la perfection les 140 tonnes et les 50 mètres de son convoi à trois remorques !

Les « trains de la route » à trois ou quatre remorques filent sur les pistes ou l'asphalte, à plus de 100 kilomètres à l'heure, chargés de centaines de têtes de bétail ou de milliers de litres d'essence. Peter, grand, costaud, des mains comme des battoirs, est un *trucky*, le chauffeur du camion (*truck*). Six jours sur sept, vingt-quatre heures sur vingt-quatre aux commandes de son monstre à soixante roues. Vingt-cinq ans de conduite à travers toute l'Australie avec pour seuls compagnons de route, bovins et ovins. Peter le célibataire vit dans son *road train* à qui il faut plus de un kilomètre pour arrêter sa folle course.
Les kangourous bondissants y laissent souvent leurs peaux !

Ci-contre
Chargement de bétail dans un *road train* sur l'Albany Highway. Australie-Occidentale.

Ci-dessus
C'est écrit dessus. Les grandes lettres noires sur fond jaune sont explicites et se voient de loin !

Cow-boys multicartes

Ci-contre
Élevage bovin en Nouvelle-Galles du Sud. Les races bovines brahmanes et zébus côtoient l'illawarra, l'australienne.

Ci-dessus
Chapeau ! « L'un des dix commandements pour porter un chapeau, c'est de le garder sur la tête pour ne pas le perdre ! »

Le cheval ne suffit plus aux *stockmen*, cow-boys australiens aux allures de pionniers. Motos, hélicoptères, avions légers ou ULM sont aujourd'hui nécessaires pour rassembler ovins et bovins. Quatre mille têtes de bétail représentent un élevage presque ordinaire ! Il faut compter en semaines pour regrouper les animaux éparpillés aux quatre coins des stations. La plus grande ferme d'élevage du monde, Anna Creek, se situe en Australie-Méridionale : près de 3 millions d'hectares et plus de 20 000 têtes de bétail. Pour les protéger des attaques du dingo (une sorte de chien sauvage), les éleveurs de l'Outback ont construit une barrière de plus de 5 300 kilomètres.

YAMAHA

Ci-contre
Hélicoptères, motos… tous les moyens sont bons pour regrouper le bétail.

Ci-dessus
Cow-boy australien dans un paysage de savane plantée de baobabs, ou « boabs » comme on les appelle ici.

Double page précédente
Round-up. On rassemble le bétail pour soigner, trier, marquer ou castrer les milliers de bovins dispersés sur des exploitations démesurées.

Ci-dessus
« Bull riding ». Huit cents kilos de muscles bandés, avant l'entrée en piste. Il faudra tenir près de 8 secondes sur le dos de la bête pour espérer être en finale !

Ci-contre
Jeune Aborigène en habit d'apparat, au rodéo de Derby, Australie-Occidentale. Loin du *Dreamtime*, le Temps du Rêve de ses ancêtres.

Échauffements et assouplissements avant l'épreuve reine. Rodéo de Derby ou de Fitzroy, les règles sont les mêmes, les concurrents aussi. La poussière est toujours au rendez-vous !

L'Akubra est le feutre australien que tout *stockman*, *ringer*, et *jackaroo* (apprenti cow-boy) doit posséder. Il est cependant de plus en plus souvent détrôné par la casquette américaine. Chaps, franges, chemises western... la panoplie est au complet !

Ci-dessus
Démonstration de course à dos de dromadaire à Broome. La Camel Cup d'Alice Springs dans le Centre Rouge, attire chaque année les parieurs des quatre coins de l'Australie.

Ci-contre
Courses hippiques à Broome. Champagne, colliers de perles, robes décolletées, canotiers et chemises blanches côtoient le short et la bière. Le tout Broome est là !

Du rodéo de Derby au derby de Broome

Beaux gosses à la peau tannée, aux boots rougis par la terre, et griffés par les grosses boules d'herbe verte du spinifex, les *stockmen* se « délassent » dans des épreuves du rodéo de Derby dans le Kimberley. Les courses hippiques de Broome ou Birdsville attirent la meilleure société de l'Outback. Chevaux ou camélidés font le spectacle.

Plus de 600 000 dromadaires sauvages divaguent aujourd'hui dans l'Outback. Ils sont les descendants de ceux importés d'Afghanistan (avec leurs chameliers) en 1840, pour la construction de la ligne de chemin de fer, entre Adélaïde et Alice Springs. Le « Ghan », en hommage à ce peuple d'Asie, est le train qui assure depuis la liaison entre ces deux villes.

Ci-contre
Survol du Centre Rouge autour d'Alice Springs, sa capitale officieuse.

Ci-dessus
Méharée australe dans le désert de Gibson. Australie-Occidentale.

On the roads...
Birdsville Track
et asphalte en
Australie-Méridionale.

24-hour
clinic

De la construction à l'abandon

Ci-contre
Shorts, sandales, bière et chapeau : tenue du *bushman* des petites bourgades.

Ci-dessus
Château de tôle ondulée, de bric et de broc. Un vent de western souffle sur les villes de province.

Construction typique du début du siècle dernier, le York Hotel, tout de tôle ondulée et de bois, est situé à Kalgoorlie, ville dédiée à l'or, aux orpailleurs, aux tripots et aux *skimpies*, serveuses de bar en petite lingerie et « topless » (seins nus).

Dans les paysages de maquis piqué de spinifex, de broussailles, d'eucalyptus et d'acacias rabougris, de dunes et de cailloux, ce qui frappe, c'est la culture pour le recyclage, mais aussi celle de l'abandon, qui anime le *bushman*. Arbres à pneus, conversion de frigo en boîte aux lettres, maisons de tôle ondulée qu'on rafistole, vieilles carcasses de voitures qu'on abandonne, et même locomotive mise à la vente. Ici, l'utile semble primer sur le beau !

Art brut dans le Centre Rouge. La créativité des *bushmen* est sans limite. Arbre à pneus, frigo-boîte à lettres, fin de ligne et fin de vie pour une locomotive à Marree (Australie-Méridionale), automobiles sans âge, aérodrome de fortune en plein désert, véritable musée à ciel ouvert !

WILPOORINNA STATION

FOR SALE

KEEP OUT
FOR SALE

THE JUNCTION HOTEL
GENERAL STORE

Ci-contre
Maisons fantômes en Territoire du Nord.

Ci-dessus
Au nord de Perth en Australie-Occidentale, réservoir d'eau, élément essentiel à la vie dans le bush.

ROCKS

Rocks

Curieusement plate, cette vieille terre australe. Les mauvaises langues diraient « plate comme une limande ». Aucun volcan ou pic coiffé de neiges éternelles ! À peine un léger plissement de l'écorce terrestre qui forma la Great Dividing Range sur la côte est et que l'on baptisa « Cordillère australienne ». Comme si elle avait à voir avec celle des Andes ou des Rocheuses ! Juste 2 228 mètres d'altitude pour le mont Kosciuszko, le plus haut sommet. Mais tout de même, 3 500 kilomètres de long, de Cairns au nord, à Melbourne au sud et quelques falaises et canyons ici ou là.

Puis, en allant vers la côte ouest, de vieux plateaux rabotés par le temps et les intempéries succèdent à des plaines et des déserts à perte de vue.

Rock around

Ce sont les rocks qui surgissent comme par magie dans quelques endroits choisis du pays ; les anfractuosités, les sursauts rocheux, les à-pics vertigineux, les falaises rougeoyantes et les chaos fantastiques qui impressionnent. On s'abandonne aux légendes aborigènes qui chantent la création de la planète. Celles du « Temps du Rêve », quand le monde n'était qu'une grande plaine aride et stérile, que des ancêtres totémiques, êtres surnaturels, créaient animaux et rivières, montagnes et mers, étoiles et lumière, enfin tout ce qui bouge sur terre.

On brave chaleurs et poussières repoussantes pour rejoindre, enthousiaste, les marques qu'ils ont laissées sur terre. On file au plus vite vers le parc national d'Uluru-Kata Tjuta, au cœur du Centre Rouge. Vers le lieu sacré – d'hier et d'aujourd'hui – des peuples aborigènes du désert, Uluru, la « Terre-Mère » ou « Gros Caillou » en langage anangu ou pitjantjatjara, gardiens de cette région. Vieux bloc de grès de 600 millions d'années, bourré de particules de fer qui le rendent rouge au soleil, et gris souris après la pluie. Éléphantesque rock de 9 kilomètres de circonférence et de 348 mètres d'altitude, il domine une plaine indomptée, sans fin… Plus grand monolithe au monde, ancré à 6 kilomètres sous terre. Ici, les « ancêtres » ont œuvré de toutes leurs forces. La moindre caverne, rayure, boursouflure, crevasse reflètent leurs exploits. Mala le Wallaby agile ; Kuniya le python ; Kiru la vipère ; Kulpunya le dingo…

À vol d'aigle royal australien (2,50 mètres d'envergure), les trente-six monts du massif de Kata Tjuta « plusieurs têtes », ou Olga, pointent déjà leurs cimes. C'est l'érosion qui au fil du temps creusa des vallées et des « *minarets arrondis, des coupoles géantes et des dômes monstrueux, qui se dressent tels des monuments venus des anciens temps de la Terre, depuis des siècles, une foule de siècles, depuis le commencement de la Création…* » écrivit au XIXe siècle, l'explorateur Ernest Giles.

Il faut se mesurer

Dans le Grand Ouest, en Australie-Occidentale, il faut s'enfoncer dans les défilés du parc national de Karijini (ou Hamersley Ranges). Suivre des canyons argent ou rubis, enchâssés dans des couches de terrain parfois vieilles de 3, 5 milliards d'années. Plus au nord de l'État, on affronte la région du Kimberley, la moins peuplée, celle que l'on surnomme la « Dernière Frontière ». Cette ultime région explorée est connue depuis des lustres par les Aborigènes et quelques fermiers. Ce n'est qu'au début des années 1980 que le monde découvre l'immense et merveilleux massif des Bungle Bungle, ou Purnululu, de près de 3 000 kilomètres carrés Labyrinthes de dômes de grès orangés striés de silice et de lichens noirs. On s'introduit dans ses failles et ses gorges profondes, artères vitales pour que le palmier chou (Livistona), endémique, pointe ses palmes en éventail.

Dans le parc de Nambung, sur l'océan Indien, il faut se mesurer aux pinacles de calcaire fichés dans le sable, fiers comme des menhirs ou faisant le dos rond.

Il faut errer dans le lac asséché de Mungo en Nouvelle-Galles du Sud. Longer le cordon dunaire de sa Muraille de Chine au sable fin comme la farine, truffé d'ossements humains, de vestiges d'outils, de traces de campements vieux de plus de 40 000 ans !

Il faut…

Double page précédente
Purnulu ou Bungle Bungle. Australie occidentale. Purnulu en langue kija, signifie grès.

Ci-contre
Gorge Olga. Massif de Kata Tjuta ou Olga. Le plus haut des trente-six dômes, s'élève à 546 mètres, 200 mètres de plus qu'Uluru.

Formes et contre-formes

Ci-contre
Silhouettes acérées des pinacles de calcaire dans le désert de Nambung à 250 kilomètres au nord de Perth, et rondeurs des billes du Serpent Arc-en-Ciel ou Devils Marble. Deux facettes de l'Australie-Occidentale.

Ci-dessus
Les Billes du Diable défiant les lois de l'équilibre.

Le Serpent Arc-en-Ciel, ancêtre du Temps du Rêve, créateur, mangeur d'hommes ou terrible destructeur, a laissé des traces ! Les Billes du Diable (Devils Marble), ses œufs, de granit poli et lissé par les pluies et les vents, s'égrainent au hasard, sur plusieurs kilomètres entre Darwin à Alice Springs.
Surf sur la Wave Rock. La « vague de pierre », lame géante de granit longue de 100 mètres et haute de 15 mètres, déferle sur la brousse près de Hyden, en Australie-Occidentale. Les camaïeux des couleurs créent un effet d'optique surprenant.
Comme une colonie de fourmis en plein travail, les groupes de touristes en file indienne grimpent à l'assaut d'Uluru. S'agrippent à la chaîne scellée dans le rock, comme à la vie. Les gants blancs sont de mise pour les touristes japonais. L'ascension du rocher est un sacrilège aux yeux des Aborigènes. On peut se l'interdire !

Ci-dessus
La vague de pierre, la Wave Rock, figée en pleine déferlante en Australie-Occidentale. La seule qui laisse de glace le surfeur australien.

Ci-contre
À l'assaut du sommet d'Uluru, l'inselberg du Centre Rouge. Un iceberg de grès et de graviers.

Les ruches de grès de Purnulu font bloc, comme pour protéger des secrets bien gardés. Ce massif n'a été que partiellement exploré, mais on a retrouvé des traces humaines vieilles de plus de 20 000 ans ! De nouvelles espèces végétales y sont régulièrement découvertes.

Ci-contre
Kata Tjuta en voit de toutes les couleurs !

Ci-dessus
Les terres du Parc national d'Uluru-Kata Tjuta sont, depuis 1985, redevenues la propriété des Aborigènes. L'organisme fédéral d'administration de ce parc (PAN) leur loue dorénavant ce site touristique où s'élève le plus imposant monolithe du monde.

Un éléphant pleure, la trompe dans le sable. Vision rare d'Uluru dans la brume et sous des cascades d'eau. Des peintures vieilles de plus de 10 000 ans ornent les grottes et certaines parois du géant. Les Aborigènes contemporains y perpétuent cet art rupestre.

Dans les nimbes
rosés du coucher de
soleil, Mango Lake,
ci-dessus, et le désert
des Pinacles, à droite.

Le calcaire contenu dans le sable, stocké et aggloméré sur des racines d'arbres au fil des siècles, serait à l'origine de ces pénitents d'un désert sur fond d'océan Indien. Difficile d'imaginer ces pics envahis par les floraisons hivernales (australes) de milliers de plantes, entre août et octobre !

Des pierres menaçantes

À 65 kilomètres de Sydney, le citadin rendant visite aux rochers des Trois Sœurs (1 111 m d'altitude) dans les Blue Mountains, hume les brumes des huiles odorantes des forêts d'eucalyptus. Ce sont ces vapeurs bleutées qui ont valu ce nom aux Montagnes Bleues. Murailles infranchissables du temps des premiers explorateurs qui cherchaient à coloniser l'intérieur du vaste continent. Dans le parc national du Mont Buffalo, on zigzague entre d'imposants chaos granitiques aux allures de châteaux médiévaux.
C'est dans la région des Grampians, dans l'État de Victoria, que la Cordillère australienne termine son long parcours pour réapparaître de l'autre côté du détroit de Bass, en Tasmanie. On y découvre l'ouest de l'île, d'âpres montagnes et l'un des derniers espaces vierges du monde.
Le mont Ossa (1 617 m) y pointe des colonnes dolomites comme autant de doigts menaçants.

Ci-contre
Les Trois Sœurs dans les Blue Mountains. Nouvelle-Galles du Sud.

Ci-dessus
Parc national du Mont Buffalo. Victoria.

Dans le parc national de Cradle Mountain-Lake St Clair, le plus haut sommet de la Tasmanie, le mont Ossa, se laisse gravir par un des sentiers mythiques de randonnée, l'Overland Track. Les marcheurs du monde entier s'y donnent rendez-vous !

VILLES RÊVÉES

Villes rêvées

Pour les convicts du XVIIIe siècle, Sydney ou Hobart en Tasmanie n'étaient sûrement pas des villes rêvées. Pour les premiers colons non plus !

Depuis le débarquement en 1788 de la Première Flotte – 700 condamnés, plus de 400 marins, soldats et prostituées – conduite par le capitaine Phillip, les années s'enchaînent dans des campements de fortune. Disette, famine, épidémies, désordre et violences. Lointaine prison sans barreaux que le royaume britannique imagina pour désengorger ses geôles. Et coloniser ainsi ce pays du bout du monde.

Du bagne à l'Eldorado

Melbourne ne fait pas partie de ces villes pionnières. Bâtie sur plans, elle hérita en 1835 d'un territoire aborigène. Un écrin sur l'océan, auprès duquel s'endormaient de verts pâturages. Une affaire en « or » pour cette région où l'on découvrira des filons aurifères. Elle fut très vite le premier centre financier et la ville la plus riche et la plus peuplée d'Australie.

Le voyageur laisse Melbourne pour Sydney, ville symbole, à 850 kilomètres.

Darling Sydney, l'usurpatrice

Port Jackson (le Harbour). « *Le plus beau port du monde, dans lequel un millier de navires pourraient trouver une sécurité totale* », selon le capitaine Arthur Phillip. Ou comme l'assure plus simplement John, contrôleur de billets sur le ferry qui mène à Manly, sur la rive nord : « *Une des plus belles baies au monde, même à Rio ils n'ont pas ça !* »

Demandez à n'importe quel Australien ce qu'il préfère à Sydney – neuf sur dix vivent dans une ville côtière –, il vous répondra : le Harbour (la baie) et ses plages ! Le rêve australien. La ville rêvée.

C'est ici que le capitaine Phillip implante la première colonie pénitentiaire. Phillip imagine, trace, dresse les plans de la future Sydney. Ce sera finalement un condamné, l'architecte Francis Greenway, qui en sera le véritable urbaniste. Le gouverneur Macquarie, passionné par la construction de la ville, laissera sa marque géorgienne sur nombre de bâtiments. De la culture aborigène ne restent que des noms. Wooloomooloo, un des plus vieux quartiers, ancien site sacré des Aborigènes Iora ; Kirribilli ou encore Bennelong, du nom d'un chef capturé, devenu ami avec l'Anglais.

Sydney, capitale aux yeux du monde. Canberra ? Juste la capitale de la grande Australie !

Melbourne ? Distancée, presque oubliée, si ce n'est pour l'Open d'Australie.

Perth, Darwin ? Où cela ?

Cairns ? Ah oui, Queensland, Barrière de corail !

La plus vieille et la plus peuplée (4,5 millions d'habitants) des villes d'Australie remporte tous les suffrages. L'air frais du grand large souffle jusque dans les artères de la ville. La mer surgit de tous bords, creuse des baies, dessine des presqu'îles sur plus de 25 kilomètres à l'intérieur des terres.

Une multitude de ferry-boats desservent tous les points stratégiques de cette ville sur l'eau. Mais c'est l'emblématique monument australien qui attire le regard à tribord, sur Bennelong Point. Hypnotisantes coques blanches d'un nautile gigantesque, ou navire toutes voiles dehors. Celui de Cook ou de Phillip ? L'Opera House, imaginé dans les années 1950 par le Danois Jørn Utzon, est là, posé sur l'eau, évident, majestueux. Fidèle à son image depuis son inauguration en 1973, en présence de la reine Élisabeth II soi-même, reine d'Australie aussi.

On chemine dans les Royal Botanic Gardens, en bordure de Farm Cove. À Paddington, les façades des maisons, vieux rose, bleu ciel, mauves, blanches, n'ont rien à envier à celles de San Francisco ou de Londres. Elles se font belles pâtisseries victoriennes, ornées de colonnes doriques ou corinthiennes. Les quartiers s'enchaînent en villages urbains. Populaires à l'ouest, chics à l'est.

Avec plus de soixante plages dans l'agglomération et ses alentours, Sydney a de quoi développer son fameux « australian way of life ».

Sydney exhale définitivement l'iode et les embruns, le vent, le soleil et l'ambre solaire !

Double page précédente
La vedette incontestée de Sydney dans la baie de Port Jackson, l'Opera House.

Ci-contre
Toutes voiles dehors! Celles de l'Opéra de Sydney.

Ci-dessus
Depuis Milsons Point, Harbour Bridge sous les feux de la rampe avec pour témoin l'Opera House, et les buildings de la City de Sydney.

Ci-contre
Depuis le quartier historique des Rocks, le deuxième monument le plus célèbre de Sydney, le Harbour Bridge surnommé le « Vieux Cintre »! C'est à Sydney Cove, au fond de cette baie que le capitaine Phillip, débarqua ses bagnards en 1788!

Le « Vieux Cintre » a bon dos

À 134 mètres de hauteur, et sur 500 mètres de long, le Sydney Harbour Bridge enjambe, depuis 1932, la baie en son point le plus étroit. Deux énormes pieds dans le quartier des Rocks au sud, les deux autres sur la rive nord à Milsons Point, le « Vieux Cintre », appelé ainsi en raison de son dos arrondi, est le second symbole de la ville après l'Opéra. Issue de secours des sans-emploi de la Grande Dépression, sa construction a donné du travail à des centaines de personnes durant neuf années. Sur ses voies ferroviaires ou d'asphalte, entre le quartier des affaires et le centre-ville, chacun y trouve sa place : vélos, piétons, trains et automobiles. Au-dessous, le trafic maritime dessert tous les coins et recoins, criques, îlots. L'Opera House, face à lui, serein, prend le vent dans ses voiles immaculées.

Ci-dessus
La ville s'organise autour des eaux profondes du port d'Hobart, la capitale tasmanienne. Havre paisible du bout du monde face à l'Antarctique.

Ci-contre, en haut
Perth. Capitale d'Australie-Occidentale. En 1850, la main-d'œuvre « bon marché » des bagnards fut une véritable aubaine pour la construction des plus beaux édifices historiques de la ville.

Ci-contre, en bas
Melbourne, capitale du Victoria, deuxième grande ville après Sydney, élégante cité à l'empreinte très victorienne.

CLOCKS

Les deux seuls grands monuments de Sydney sont incontournables et sources d'inspiration !

Ci-dessus et ci-contre
Surf Carnival.
Ces compétitions entre sauveteurs bénévoles désignent les « Iron men », les hommes de fer, les champions toutes catégories du sauvetage en mer.

Le sport pour religion, la mer comme terrain de jeux

On sort du bureau de la City, planche de surf sous le bras. En 20 minutes, par le bus 380, on rejoint Campbell Parade, l'avenue du bord de mer de la célébrissime plage de Bondi – prononcez « Bondaille ». Bondi, c'est surtout des kilomètres de sable fin et un infatigable océan. Des déferlantes qui ont découragé bien des marins, mais qui enthousiasment des générations de surfeurs.

Sourires ravageurs, torses musclés et maillots de bain moulant, les Surf Life Savers (nageurs sauveteurs), véritables héros populaires, font preuve d'un courage incontesté pour sauver des vies. Le « Sydneysider » aime le sport avant et après son travail, en banlieue, à la plage ou dans les nombreux parcs. On joue au cricket, au rugby, au netball (sorte de handball) ou encore au footy (football australien), on adore la natation et par-dessus tout le surf.

Fairlane 500

Version « Old England » pour Sydney la contemporaine. Bowling sur gazon. Tenues immaculées de rigueur.

NO ENTRY
EXCEPT FOR:
TRANSPERTH BUSES
WESTRAIL VEHICLES
TAXIS
NO LEFT TURN

14
VIS
LOC

Sydney
la cosmopolite

Autour de Taylor Square, le monde entier fait la cuisine. Indiens, Italiens, Thaïlandais, Indonésiens ou cantine des Balkans. Turcs, Libanais, Vietnamiens, Phillipins, Chinois de Hong Kong... sont regroupés en communautés. Sydney est devenue, par la force des choses, une ville multiculturelle. Elle qui pourtant instaura, d'une façon officieuse, une politique se limitant aux vieilles valeurs anglo-saxonnes de la « White Australian Policy ». La blanche Australie a donc longtemps résisté aux influences étrangères. Au milieu du XIXe siècle, l'arrivée massive de Chinois engendra des manifestations racistes très violentes, à l'instar des revendications de la communauté aborigène. Russes, Ukrainiens, Polonais, Tchèques, Sri Lankais... on explore Sydney comme on parcourt une mappemonde !

Double page précédente
En attendant le car scolaire. Perth.
Partie de foot amicale avant les cours. Sydney

Ci-dessus
Temple bouddhiste à Darwin.
Cette capitale du Territoire du Nord fut une importante base alliée du Pacifique et fut la cible de 64 attaques japonaises.

Ci-contre
Le plus luxueux centre commercial de Sydney, le Queen Victoria Building.

DÉCLIC
GS
ESPRIT
MIDAS
CRABTREE & EVELYN

Ci-contre
Roulements de tambours de la fanfare d'une communauté écossaise à Hobart.

Ci-dessus
Moments de détente à Blues Point, face à la baie de Port Jackson de Sydney. Le « way of life » australien prend toute sa dimension dans la capitale. Le vent du large rafraîchit les journées chaudes de l'été austral.

À Paddington, les charmantes maisons surannées, des « terrace houses » de style victorien, ont toutes été construites sur de longues et étroites parcelles de terrain. Ces constructions mitoyennes, aux allures de cottages anglais, sont ombragées par des frondaisons parfois centenaires.

Couleurs locales

Couleurs locales

Rouge, couleur des sables du désert de Strzelecki et des pistes de latérite. Rouge pour le « rocher » du Centre Rouge (Uluru). Rouge pour les gorges de Karijini. Rouge encore pour les dômes de Purnululu et des Olgas... C'est en partie pour la promesse de cette couleur omniprésente sur le sol australien que le voyageur entame son périple. Mais, lorsque le 28 avril 1770, les biologistes Joseph Banks et Daniel Carl Solander, embarqués sur le navire *Endeavour* aux côtés de Thomas Cook, mettent pied à terre dans une baie au sud-est de l'Australie – à quelques kilomètres au sud de l'actuelle ville de Sydney –, ils découvrent un nouveau continent dont ils ne connaissent pas encore la couleur très locale. Les deux scientifiques sont alors déconcertés par l'étrange et extravagante nature qui s'offre à eux. Et qui paraîtra aux regards de certains érudits européens « sens dessus dessous ».

Rouge, rouge, rouge

En quelques jours, des centaines d'espèces animales et végétales inconnues sont répertoriées. On baptisera «Botanist Bay», puis «Botany Bay», la baie où ils accostèrent, en hommage à ces innombrables découvertes botaniques. Sur les sols pauvres, un arbuste tend de spectaculaires épis floraux jaunes, orangés ou écarlates. Joseph Banks le baptisa « banksia ». Il en existe plus de 70 variétés sur le territoire.

L'île du Diable

C'est durant la seconde moitié de l'ère secondaire que l'histoire australe s'est jouée. Le supercontinent Gondwana se démantèle, comme un grand puzzle. La dérive des plaques terrestres donne naissance à l'Afrique, l'Inde, l'Amérique du Sud, l'Antarctique et enfin l'Australie. Puis, durant plus de 50 millions d'années, le « cinquième continent » vivra son indépendance, isolé du reste du monde, préservant pour les nouveaux arrivants européens un monde primitif.

L'Australie possède la famille la plus originale de mammifères de la planète. Celle des marsupiaux, qui, à l'abri d'une poche, élèvent leurs petits. Les placentaires, pratiquement inexistants avant l'arrivée des Européens – quelques chauves-souris, et plus tard le dingo, chien primitif, introduits par des Aborigènes il y a moins de 10 000 ans – n'ont pu exercer leur redoutable concurrence comme sur les autres continents. Kangourous et wallabies par dizaines d'espèces ; dodus wombats ; doux koalas, modèles d'ours en peluche ; quokkas ; espiègles opossums qui s'immiscent même en ville et sont accusés, à juste titre, de tapages nocturnes !

Carnivores ou herbivores (en grande majorité) se sont attribué toutes sortes de niches écologiques, à l'image des mammifères placentaires dans le reste du monde. Du rat au tigre, du chat à l'ours, du singe au loup... Éliminant ainsi les mammifères ovipares, non moins remarquables, ancêtres de l'ornithorynque et de l'échidné, qui étaient là bien avant eux.

Sur terre, dans l'air ou dans l'eau, herbivores et prédateurs, oiseaux et reptiles, tous, par leurs singularités, invitent à remonter le temps.

Arrivée de nouvelles espèces

Mais depuis l'arrivée de l'homme blanc, et l'introduction d'ovins et de bovins, de lapins et de renards, de dromadaires et de chevaux, de chiens et de chats, de rats... des dizaines d'espèces indigènes sont en survie. Certaines ont disparu. Le tigre de Tasmanie fait dorénavant partie de la légende; le dernier spécimen est mort en 1937, au zoo d'Hobart (capitale de la Tasmanie). Le diable de Tasmanie, marsupial à la mâchoire d'acier, tient bon !

Les émeus dérangent les éleveurs. En 1932, durant la « Guerre des Émeus », on n'hésita pas à tirer à la mitrailleuse sur ces coureurs émérites (60 km à l'heure). Les kangourous les excèdent. Alors on « moissonne », malgré l'indignation générale. Kangourous et émeus étant pourtant les vedettes du blason australien !

Comme les grands explorateurs du XVIIIe siècle, le voyageur « moderne » et curieux, nouveau vagabond, est frappé par l'étrangeté de ce pays qui s'est si longtemps tenu à l'écart du monde. Lui aussi inventorie, et compte près de 85 % de plantes et près de 90 % d'animaux endémiques !

Double page précédente
Canyon et palmiers *Livistonia* dans Mini Palm Gorge, Purnululu.

Ci-contre
Echidna Chasm, massif de Purnululu.

Un jardin extraordinaire

Ci-contre
Sable rouge près de la dune de « Big Red », dans le désert de Simpson.

Ci-dessus
Sable immaculé dans « Little Sahara ». Kangaroo Island. Australie-Méridionale.

Le sable ondule en rouge et blanc. Les fougères sont arborescentes, grandes comme des arbres, jusqu'à 20 mètres. Les arbres sont le p.us souvent des acacias et des eucalyptus (600 espèces). Des géants, près de 100 mètres ! Les eucalyptus spectres, à l'écorce immaculée, hantent le nord et le centre.

Les palmiers se glissent dans des gorges profondes, ou dans des forêts tropicales. Des colonies de pandanus échevelés montent la garde dans la chaîne de Cradle Mountain sur l'île tasmanienne, près des quarantièmes rugissants. Des cycas, ceux-là mêmes qui nourrissaient les grands dinosaures, investissent des collines entières. Les baobabs campent dans les savanes, le mimosa doré embaume. Le spinifex se pique en colonies à flanc de collines, sur les plateaux et les plaines stériles. Inspire de façon pointilliste, les peintres aborigènes du « Rêve ».

Ci-contre
Effets d'optique. Gros plan sur la plante-coussin, endémique de l'île tasmanienne. Et vue aérienne de boules de spinifex desséché dans le Territoire du Nord.

Ci-dessus
Dragon barbu au collier d'écailles épineuses et scinque à langue bleue en position d'intimidation.

Ci-dessus
La plante-coussin de Tasmanie (*Abrotanella forsteroides*), rare, à croissance lente, aime le vent et le froid, et se faire désirer. Plus d'une cinquantaine d'années pour obtenir ce coussin vert...

Ci-contre
Les boules de spinifex se multiplient à l'infini sur les terres arides du parc de Hamersley Range ou Karijini. Australie-Occidentale.

Le désert de Tanami en Territoire du Nord a la réputation d'être l'un des plus arides de la planète. Mais après une pluie d'orage, les sols austères, de sable et de cailloux, se piquent d'une flore somptueuse et généreuse.

Double page précédente
En haut à gauche : Désert de Simpson.
En bas : lézard à collerette.
En haut à droite : Diable cornu.
En bas : Palmiers éventails *(Licuala muelleri)*. Queensland.

Ci-contre
Eucalyptus et baobabs. Kimberley.

Ci-dessus
Gommier spectre. Karijini. Australie-Occidentale.

Gommiers dans la chaîne de MacDonnell (MacDonnell Ranges) et dans le parc national de Geikie Gorge.

Drôles d'oiseaux !

Cacatoès, oiseaux-lyres, casoars, émeus… les espèces d'oiseaux se comptent par centaines, dont 530 sont endémiques.
La plus grande « collection » de serpents venimeux au monde, taïpan, serpent-tigre, noir, brun ou vipère de la mort… l'Australie s'en accommode ! Les termitières couleur de terre, rouge ou ocre jaune, façonnées comme de petites chapelles, abritent des millions d'insectes bâtisseurs. Les araignées –1 500 espèces– ont pour certaines une morsure mortelle (veuve noire). Les lézards –360 espèces– prennent des postures et des formes extravagantes (lézard à collerette, le moloch ou diable cornu). Durant les mois de sécheresse, la patiente grenouille de Gould se languit sous terre des premières gouttes de pluie à venir pour aller frayer ! Échidné, hérisson au nez de Pinocchio, ornithorynque à queue de castor et au bec de canard montrent leurs faces de fossiles vivants!

Ci-contre
Sur l'Overland Track. Ce sentier relie les plus hauts sommets de la Tasmanie. Parc national de Cradle Mountain-Lake St-Clair.

Ci-dessus
Palmiers *Livistona*. Purnululu.

Double page précédente
Émeu et casoar, deux fortes têtes !

Ci-dessus
Les termites se protègent des rayons du soleil dans leurs constructions savamment étudiées.

Ci-contre
Fines comme des lames de couteaux, les termitières magnétiques mesure jusqu'à 5 mètres de haut. Les termites-boussoles gardent le cap au nord ! Litchfield Parc national. Territoire du Nord.

Ci-dessus
Méandres de l'Adelaïde River, dans le Top End.

Ci-contre
Vilaine rencontre au coin du bois : un serpent-tigre. L'Australie compte plus de serpents venimeux que d'inoffensifs !

Dans le parc national de Kakadu. Yellow Waters n'étant jamais à sec, la faune s'y retrouve en grand nombre lorsque les marais alentour sont taris. Les crocodiles de mer, ces grands reptiles, nagent en mer, et remontent les estuaires jusqu'à 400 kilomètres, à l'intérieur des terres.

Ci-contre
Varan de Mertens. Discret, il se fait rare. Il peut mesurer jusqu'à 1,50 mètre.

Ci-dessus
Près de une tonne de muscle et d'écailles, 40 dents, et une mâchoire d'acier patientent...

Ornithorynque dans
les Blue Mountains.

Double page suivante
Figuier dans la forêt
de Daintree (Daintree
Forest). Queensland.
Varan aussi agile
au sol que dans les
arbres pour capturer
ses proies.
Territoire du Nord.

Double page précédente
Le martin-pêcheur à dos bleu habite les mangroves et les estuaires.
Territoire du Nord.
« Orange lacewing », chrysope orange, (*Cethosia penthesilea*).
Queensland.

Ci-dessus
Racines du figuier étrangleur.
En s'enfonçant ainsi dans le sol, elles étendent l'espace autour de ce Ficus.
Et jardins sauvages.

Ci-contre
Écorce d'eucalyptus de montagne. Sous l'effet de l'eau, ce gommier rougit de plaisir ! Tasmanie.

Le sentier de l'Overland Track déroule plus de 80 kilomètres de sentier dans le parc national de Cradle Mountain-Lake St Clair. Les pandanus, plantes reliques, sentinelles échevelées, voient passer des marcheurs du monde entier.

Ci-dessus
La main d'un paysagiste semble avoir agencé la nature dans le parc national de Mount Field, aux portes d'Hobart, la capitale de la Tasmanie.

Ci-contre
Eucalyptus de montagne tors, déformés par le vent et le climat.
Parc national du mont Kosciuszko.
Nouvelle-Galles-du-Sud.
Figuier étrangleur et ses racines traçantes monumentales.
Forêt tropicale de Dantree. Queensland.

Bestiaire imaginaire ?

Les descriptions animalières des premiers explorateurs et colons semblaient parfaitement saugrenues, et même truquées, aux yeux des scientifiques du XVIIIe siècle qui n'avaient pas quitté leurs chaires de Londres !

« *Renards volants, lévriers bondissant comme des sauterelles, taupes aquatiques à bec de canard et queue de castor, oiseaux gigantesques qui ne volent pas...* »

Vues de l'esprit des hommes des antipodes qui marcheraient sur la tête ?

Les grandes chauves-souris frugivores, kangourous et wallabies, près de 50 espèces, kangourou rat, kangourou roux ou gris, le plus grand, près de 2,40 mètres ou le curieux ornithorynque, mammifère primitif ovipare (monotrème) qui pond des œufs et allaite sa progéniture, ou bien encore émeus ou casoars casqués de corne existent bel et bien et animent le plus spectaculaire des bestiaires.

Ci-dessus
Un jeune figuier aux racines rampantes.

Ci-contre
Wallaby des rochers, vif comme l'éclair et agile comme un singe, dans les falaises rocheuses des MacDonnell Ranges.

Ci-contre
Wombat. Les fermiers n'apprécient pas ces boules de poils très vulnérables, de plus de 25 kilos, qui creusent des galeries de près de 30 mètres de long.

Ci-dessus
À gauche
Koala sur Kangaroo Island.
À droite
Les bandes de quokkas (parmi les plus petits marsupiaux) peuvent compter jusqu'à 100 individus. Rottnest Island.

Ci-dessus
Un jeune kangourou gris dans la rosée, sur… Kangaroo Island, royaume de ces marsupiaux !

Ci-contre
Koala.
On ne rencontre ces petits « nounours » qu'en Australie-Méridionale et près de Melbourne.

Pages suivantes
Au cœur du Centre Rouge australien, les dômes de Kata Tjuta dressent leurs têtes à quelques kilomètres de leur célébrissime voisin, le monolithe d'Uluru.

Bibliographie

Bergamini David, *Paysage et nature en Australie*, Time, « Collections Life », 1969.
Caruana Wally, *L'Art des Aborigènes d'Australie*, Thames & Hudson, collection « L'univers de l'Art », 1994.
Decoust Michèle, *Australie, les pistes du rêve*, Lattès, 2000.
Dressler Hauke et Viedebantt Klaus, *Australie*, Vilo, 1997.
Grundmann Pierre, *Guide Visa, En Australie*, Hachette, 2003.
Isaacs Jennifer, *Australian Aboriginal paintings*, New York Dutton Studio Books, 1992.
Johnson Marael, *Outback Australia handbook*, Moon publications inc., 1992.
Meray Tibor, *Australie, L'Atlas des Voyages*, Éditions Rencontre, 1962.

Remerciements

L'auteur tient à remercier tout particulièrement Catherine Laulhère-Vigneau, Sylvie Bednar, James Elliott, Céline Adida, Marie Peyronnet, François Giner et toute la communauté aborigène Ngkalabon du village de Weemol, Balang Mildywi dit Phillip, Naridjan Laiawanga dite June, Terena, Raphaelia, Sabrina, Aiden, Kaithlyn, Tyrées, Stuart, Angélina, Josiah, Pino, Harry, Sean, Jobi ainsi que l'artiste Ron Manyita.
Un grand merci aussi à toutes celles et tous ceux qui m'ont chaleureusement accueilli et aidé tout au long de mes pérégrinations australiennes.

ISBN : 978-2-7234-8347-6
Dépôt légal : octobre 2011
Cet ouvrage a été gravé par Glénat Production
Achevé d'imprimer en septembre 2011 en RPC par Book Partners China LTD.

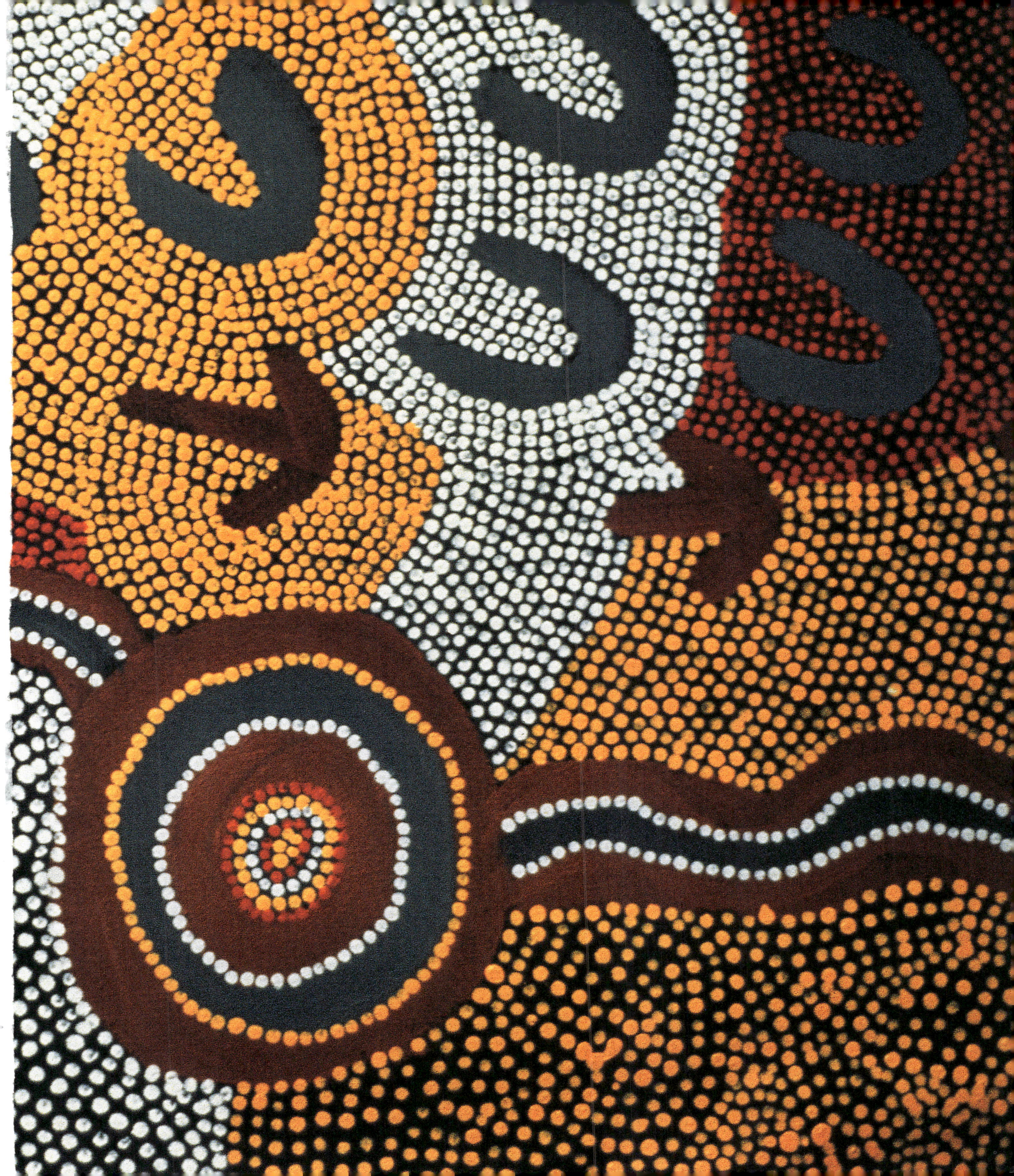